मनखी

(गढ़वाली- कुमाऊंनी काव्य)

हरीश जोशी

Copyright © Harish Joshi
All Rights Reserved.

This book has been published with all efforts taken to make the material error-free after the consent of the author. However, the author and the publisher do not assume and hereby disclaim any liability to any party for any loss, damage, or disruption caused by errors or omissions, whether such errors or omissions result from negligence, accident, or any other cause.

While every effort has been made to avoid any mistake or omission, this publication is being sold on the condition and understanding that neither the author nor the publishers or printers would be liable in any manner to any person by reason of any mistake or omission in this publication or for any action taken or omitted to be taken or advice rendered or accepted on the basis of this work. For any defect in printing or binding the publishers will be liable only to replace the defective copy by another copy of this work then available.

JAI MATA KUWARI DEVI

बधान गढ़ी माता, कुंवारी माता की कृपादृष्टि एवं माता पिता के आशीर्वाद से मेरी गढ़वाली व कुमाऊंनी काव्य रचना को प्रकाशित करने हेतु मैं सर्वप्रथम NOTION PRESS का हार्दिक आभार ब्यक्त करता हूँ।

क्रम-सूची

प्रस्तावना vii

भूमिका ix

आमुख xi

भावना/प्रकृति प्रेम

1. मनखी 3
2. मैं छौं पहाड़ी 5
3. स्वर्ण को हिमालय 7
4. बुरांश 8
5. देवभूमि की कहानी 9

नारी सम्मान एवं भक्ति

6. नारी सम्मान 13
7. जे देवी नंदा 15
8. गोपी नाथ 16
9. बेटी 18

पलायन

10. कुतग्यळी 23
11. अबारी दूँ 25
12. ऐजा हे लाटा 27

व्यंग्य

13. बौड़ा प्यूणु हुक्का 31
14. दारु अब आपका द्वार 32
15. नयु जमाणु 33

• v •

क्रम-सूची

16. देवता	35
17. धर्मू झांझी	36
18. लतड़ पतड़ स्यां स्यां	38

प्रस्तावना

इस पुस्तक मे प्रकाशित रचनाओं मे मुख्यतः उत्तराखंड के सामाजिक, सांस्कृतिक एवं गढ़वाली व कुमाऊंनी बोली के शब्दों को प्रदर्शित किया गया है। इस पुस्तक की रचनाओं मे समाहित विचारो हेतु मैं अपने माता पिता, सभी परिवारजन एवं मित्रो को इसका श्रेय देना चाहूंगा।

भूमिका

इस पुस्तक मे प्रकाशित रचनाओं मे जो कुछ भी मैंने समाहित करने का प्रयास किया है वह सब आम जीवन मे होने वाली बातो से लिए गए अनुभव हैं।

मैंने इस पुस्तक मे कई हास्य रचनाओं को समाहित किया है जो की काल्पनिकता एवं वास्तविकता के शब्दों का बखान है।

पहाड़ो मे हो रहे पलायन एवं एक आम नागरिक की वो समस्या जिनके कारण वह अपने स्वर्ग से सुन्दर पहाड़ो को छोड़ने पर मजबूर हो गया है मैंने अपनी इन कविताओं मे उन बातो का वर्णन करने का प्रयास किया है।

उम्मीद करता हूँ पाठको को मेरी रचनाये पसंद आएंगी

आमुख

मेरी कविताओं मैं शामिल सभी नाम व पात्र पूर्णतः काल्पनिक हैं। मेरी कविताओं मे प्रयोग किये गए काल्पनिक नामों का किसी भी जीवित या मृत ब्यक्ति से किसी भी प्रकार से प्रत्यक्ष व अप्रत्यक्ष रूप से कोई सम्बन्ध नहीं है।

भावना/प्रकृति प्रेम

मेरु गौं - भटियाना (चमोली)

ये भाग मा मिन समाज मा ह्वूण वाली कुछ वास्तविक बातु ते भावनात्मक प्रस्तुति कनु को प्रयत्न कर्यु च। बात बोली ब्यवहार मा अपनी संस्कृति व ब्वोली ते ल्योनो को पुरु पुरु प्रयास और हमारा पहाड़ो की सुंदरता ते कविता का माध्यम से बतोण को भी प्रयास कर्यू च।

1. मनखी

ढुंगु तैं पूजण लग्युं च रे मनखी
मन्ख्यों ते भ्योल च फरांदु
आंख्यों मा तेरा खून का आंसू
सुपन्या हजार तू देखु
बिना बात को बोल्या बण्यो तू
न चैन च न त सुख च
अफु कमयं त्वील रे मनखी
अपणा बांठा का दुःख
हेरी हेरी की दूर को घाम
पैदल चलणु तू च यकुली
बरखा न तेरु गात भिगेली
क्वी औलू यख तेरी खूकिली
ढुंगु तैं पूजण लग्युं च रे मनखी
मन्ख्यों ते भ्योल च फरांदु
आंख्यों मा तेरा खून का आंसू
सुपन्या हजार तू देखु
क्या त्वीन पाई, और क्या च कमाई
संगदे को राइ तेरु यु रूण
एक दिन बल जब मृत्यु औली
खाली हाथ त्वीन बल जाण
माटी को पुतला बल माटी मा मिलण
क्या को कनु तू अभिमान च

कर्मभूमि मा सद्कर्म तू कर ली
अजर अमर सदा रेलु तेरु नौं

ढुंगु तैं पूजण लग्यूं च रे मनखी
मन्ख्यों ते भ्योल च फरांदु
आंख्यों मा तेरा खून का आंसू
सुपन्या हजार तू देख्नु

2. मैं छौं पहाड़ी

मि पहाड़ी छौं,
हाँ मि पहाड़ी छौं
डाँड़ी काँठी मा च मेरु गौं
बल मि पहाड़ी छौं,

देवतौं की भूमि मा बस्यौं मेरु गौं
मेरा गौं का नौं का दगडी देवतु को नौं
देवतों की धरती मा मन्ख्यों को वास
मन्ख्यों का दगडी यख देवतों को गौं
ऊँचा निसा डंडा छन मेरा गौं का बाटा मा
टेढा मेढा बाटा छन इन डांडी कंठ्यों मा
ठंडी ठंडी हवा बल मेरा डांडी कंठ्यो मा
निर्मल पाणी बल मेरा इनु डांडियों मा
५२ गढूं को गढ़वाल मेरु
रौंतेलु मुलुक कुमाऊं मेरु
सीधा साधा लोग हमारा
सीधी साधी बोली च
मन मा नि बैर च
न क्वी कपट च
सब हमारा, हम सबुका दगड़्या बन जांदा
छल कपट की बात्यूं ते हम नि लगोंदा

प्रेम को सारू संसार हमारु
प्रेम की बोली हमारी पछ्याँण च
क्वी नि परयू यख
सभी यख सामान च
मि पहाड़ी छौं,
हाँ मि पहाड़ी छौं
डाँड़ी काँठी मा च मेरु गौं
बल मि पहाड़ी छौं

3. स्वर्ण को हिमालय

दूर धार मा बटीं जब घाम दिख्योंदु
हिवाले की काँठी मा स्वर्ण रंग होन्दु
आंख्यों की पीड़ा सब पल मा हरी जांद
मन मा ओरे क्वी सुपन्या नि तब आंद
देखा सभी दूर को घाम
हिवाले की काँठी मा स्वर्ण की ताज
मेरा मुलुक की या च बड़ी बात
स्वर्ण को हिमालय च हमरु दिन रात
दूर परदेश बटीं लोग जब यख आंदा
छ्वीं कखि और की नि तब लगोंदा
देवतों की भूमि हमारी
स्वर्ण को हिमालय, यख देवतु को वास,
दूर धार मा बटीं जब घाम दिख्योंदु
हिवाले की काँठी मा स्वर्ण रंग होन्दु

4. बुरांश

बुरांश का फुन्न डाल्यो मा फूली
बणु मा छैगे चौतरफा लाली
बणु ते देखि जिया नि भरदू
आँखि ता स्योना की बात नि बोलदी
इन सुन्दर काया डाल्यो की छाया
काफल खाण को मेरा गौं आया
मेरा पहाड़ो की बात निराली
यख च सेरा जग की हरियाली
बुरांश का फुन्न डाल्यो मा फूली
बणु मा छैगे चौतरफा लाली
बुरांशी को फूल खिल्या बणो मा
बणांग जन लगी बणो मा
मेरा पहाड़ो की बात गजब च
मन मोहि लेंदी काया यखे की
बुरांश का फुन्न डाल्यो मा फूली
बणु मा छै गे चौतरफा लाली

5. देवभूमि की कहानी

ठंडी ठंडी हवा
ठंडो ठंडो पाणी
मेरा देवभूमि की बस यु च कहानी
देवतों की धरती मा रोण को सौभाग्य
हमारा छन बल कति ऊँचा भाग
केदार का पुजारी हम
बद्री का छन चेला
कति स्वानु लगदु यु
गौचर को मेला
हंसी खेली सब यख आपस मा रौंदा
कभी के मनखी की जिकुड़ी नि झुरांदा
ठंडी ठंडी हवा
ठंडो ठंडो पाणी
मेरा देवभूमि की बस यु च कहानी
हे धारी, हे नंदा देवी
हमुपर किरपा राखी
पहाड़ो का स्वर्ग मा
अपनों वास राखी
ठंडी ठंडी हवा
ठंडो ठंडो पाणी
मेरा देवभूमि की बस यु च कहानी

सीधा साधा लोग यख
सीधी साधी बोली
ठंडी ठंडी हवा
ठंडो ठंडो पाणी
देवभूमि उत्तराखंड की बस यु च कहानी

नारी सम्मान एवं भक्ति

जय गोपीनाथ

ये भाग मा मिन अपणी नारी सम्मान और देवतों पर लिखी कविताओं ते स्थान दियुं च। देवभूमि उत्तराखंड ते देवतों को सदा से वरदान रे, सभी देवता हमारा समाज को कल्याण करि।

जय बद्रीनाथ

6. नारी सम्मान

नारी कू सम्मान करा
न वैकु अपमान करा
नारी जग की जगदात्री च
नारी च एक शुभ फलदात्री
नारी मा च, नारी बैणी
नारी बेटी, और नारी ही च अर्धांग्नी
नारी रूप मा जन्मी देवी
नारी कष्टनिवारणी
जे घोर नारी को वास नि होन्दु
वू घर, घर जन नि रोंदू
जे घर नारी वास च करदी
मा भगवती को वास च समझा
वू घोर स्वर्ग सामान च
जख नारी को सम्मान च
जिन नारी की कदर नि जाणी
वेका बुरा दिन रेनी सदनी
जिन नारी को मान राखयाली
वेका जीवन मा हरयाली
नारी दुर्गा
नारी लक्ष्मी, नारी च शुभफलदायनी
नारी से संसार सदनी
नारी च जन्मदात्री

मनखी

नारी कू सम्मान करा
न वैकु अपमान करा

7. जे देवी नंदा

जे देवी नंदा मेरा नंदा सेन की
तेरी कृपा रखीं हमपर
जे देवी नंदा मेरा नंदा सेण की
ऊँचा हिवाले की काँठी तेरी चूनर
बुरांशी का बोण होटड्यों की लाली
जे देवी नंदा तेरी जे जे कार
चरणों मा तेरी गंगा को पाणी
महादेव शिव की तुम छन रानी
जे देवी नंदा मेरा नंदा सेण की
नंदकेसरी की मेरी नंदा
कुलसारी की देवी भगोती
जे देवी नंदा मेरा नंदा सेण की
ऊँचा कैलाश की देवी नंदा
अपनी दया की दृष्टि हमु पर राखी
हम तेरा चरणों की धूल भी नि छन
अपना चरणों मा हमते स्थान दी दे
कष्ट निवारक देवी नंदा
अपना भक्तो को तू मान राखी
जे देवी नंदा नंदा सेण की
अपना भक्तों को तू मान राखी

8. गोपी नाथ

गोपी नाथ, मेरा गोपी नाथ
गोपेश्वर गौं मा तेरो वास
त्वेते भिटोलू जब मि घर औलू
तेरा दर्शन करि अपणा दुःख हरोलु
जे जे जे गोपीनाथ हम तेरी संतान
दी दिया हमुके बल, विद्या दान
अपणा दर्शन हमते दी करि
हमारा जीवन को कल्याण कर दिया
गोपी नाथ, मेरा गोपी नाथ
गोपेश्वर गौं मा तेरो वास
रुद्रनाथ तेरो रूप भरी
पंच केदार को स्थान धरी
अपणा नेत्रों मा हम भक्तो ते धारी
सारा जगत को कल्याण कारी
तेरी महिमा अपरम्पार छाई
सेरा जग का भूत गण तेरी छाया मा राई
जे जे जे मेरा गोपी नाथा
गोपेश्वर गौं मा तेरो वास
गौला मा तेरा सर्पो की माला
एक हाथ डमरू
एक हाथ तिरशूल विकराला
जे जे जे शम्भू, जे जे जे गोपीनाथ

हे त्रिनेत्रधारी, हे महाकाल
तेरी कृपा से सारू संसार
अपनी दया सबु पर राखी
सुखी रयो सबको परिवार
गोपी नाथ, मेरा गोपी नाथ
गोपेश्वर गौं मा तेरो वास
त्वेते भिटोलू जब मि घर औलू
तेरा दर्शन करि अपणा दुःख हरोलु

9. बेटी

सैंति पाली ते, पढ़े लिखे कर
बेटी चली जाली एक दिन दुसार घर
आंख्यों मा रे जाली बस मीठी याद
गिचु मा रोलु वे भुज्जी को स्वाद
बेटी जब जन्मी लक्ष्मी छा आई
सोर्यास जाली ता लक्ष्मी चली जाली
सैंति पाली ते, पढ़े लिखे कर
बेटी चली जाली एक दिन दुसार घर
बुलबुल सी बोली, घुगुती को घुराणु
बेटी चली जाली त झूरालो पराण
माजी पिताजी को यकूलू पराण
सोर्यास मा के को दिल नि दुखांण
वख भी मिल जोला त्वे ते मा जी पिताजी
हमु जन ख्याल राखी उनरु
लाज हमारी राखी सदनी
त्वि छा लाटी हमारी पराणी

सैंति पाली ते, पढ़े लिखे कर
बेटी चली जाली एक दिन दुसार घर
बेटियों को जन्म जे घोर होन्दु
देवता को वख वास रौंदू

हरीश जोशी

बेटियों को सदनी रौंदा द्वी घर
एक ससुराल एक बाबुल द्वार
बुलबुल सी बोली, घुगुती को घुराणु
बेटी चली जाली त झूरालो पराण
सैंति पाली ते, पढ़े लिखे कर
बेटी चली जाली एक दिन दुसार घर

पलायन

Enter Caption

आज हमारा पहाड़ो मा एक सबसे गंभीर समस्य च पलायन। ये बात से सभी पहाड़ का वासी भली ते जाणदा छन। अपनी पलायन पर बणाई कविता का माध्यम से मि लोगू का मन मा अपना गौं और समाज का प्रति प्रेम भाव ल्योन को प्रयास कण चांदु छौं।

10. कुतग्यळी

उदासी मन मा लगी रे कुतग्यळी
उदासी मन मा लगी रे कुतग्यळी
मेरा गौं की खुद, मेरा पहाड़ो की हरयाली
उदासी मन मा लगी रे कुतग्यळी
कती सोण बीतिजे नि गायाँ मि गौं मा
कटी सोण बीतिजे नि गायाँ अपना गौं मा
मेरा गौं का काका बड़ा और बेटी ब्वारी
उदासी मन मा लगी रे कुतग्यळी
ऐंसु दूँ जाण मिन अपणा गौं मा
सबूते भेट्योलु, तब चित पड़ो मन मा
मेरा गौं का बाटा मैते बुलोना
उदासी मन मा लगी रे कुतग्यळी
बणु मा खिलगी होला बुरांशी को फूला
काफल पकाणा होला ऊँची डंडियों मा
मन मेरो हरि जांदू, सोची इन छुयों
उदासी मन मा लगी रे कुतग्यळी
नोना तिना गौं का टोली बाणे की
जाणा होला बणु का सेणा गोरू चारण
मैं भी जालु अबरी दूँ बणु का सेणा
पुराणी यादो की बथों मा उडालू
मन मा लगी रे मेरा गौं की कुतग्यळी

गौं का पनेर मा सभी कठा होला
छुयो बातो मा मन भरमौला
काका जी बल, लाखडो का भरा ल्योणा होला
काकी जी घास को कंडा ल्योणी ह्वोली

उदासी मन मा लगी रे कुतग्यळी
उदासी मन मा लगी रे कुतग्यळी
मेरा गौं की खुद, मेरा पहाड़ो की हरयाली
उदासी मन मा लगी रे कुतग्यळी

11. अबारी दूँ

कूड़ि, पुन्गडी, गोर, बल्द सब कुछ छोडियाली
देरादून मा शुरू कनु मंगतू नयी पारी
२००० रुपया स्क्वैर फिट को एक प्लाट पसंद करयूं
बैंक बटिन क़र्ज़ लिकी मकान वख बनोणु
आजकाल बल फ़िलहाल किराया को च बल क्वार्टर
यख वख आण जाण कु धरीं च बल मोटर
बल नौना तिना भी अब पैकेट वालू दूध छन प्योणा
पुड़गा मा भरी गैस और सबीर शाम ह्वोनी पीड़ा
भुज्जी भी बल म्वोली म्वोली ते कर अब खाणा
पुड़गु ख़राब ह्वेगी बल छन लगातार भेर जाणा
कूड़ि, पुन्गडी, गोर, बल्द सब कुछ छोडियाली
देरादून मा शुरू कनु मंगतू नयी पारी
मकानी कु डीजेन बल बोत चलचलकर बणायु
२४ फिट की सड़की तरफ एक दुकानि भी जचायु
बुढ़न दूँ क्या कण बल दुकानदारी कला
बोरया बिस्तर बाँधी ते सब देरादून चला
गौं कु व पठाली मकान कमजोर ह्वेगी
क्वी नि सुद ल्योणु घर की बल अबरी दूँ व बरखा मा ढुलएगी
बचपन की याद बल सभी ध्वस्त ह्वेगीं
कूड़ि कुछ टूटिगे बस खंजयारु सी रेगी

मनखी

देरादून की बासी हवा खे खेकर बल
कल्ज पीड़ा होण बैठिग
सांस ल्योण मा तकलीफ ह्वोनी और ग्वाली भी ऐठीं
अबारी दूँ बल कुछ दिनु का वास्ता पहाड़ छन जाण
चेन शांति से कुछ दिन बल जिंदगी बितौण
पर घर की कुड़ी ता टूटगी बरखा बथों मा
गौं जेकर बल अब रौण के का घोर मा
अब घोर की याद च औणी, तब ह्वाणु बिचलाट
पठाली वाली कुड़ी टूटिगे और नि रयिं वख खाट
अबारी दूँ बल मांगतुं न स परिवार पहाड़ च जाण
सोचणु च मंगतू की अब ता यखी रौण
पहाड़ नि छोड़ मंगतू पहाड़ नि छोड़
पहाड़ तेरी जनम भूमि पहाड़ तेरु गौं
सोचणु च अब ता मंगतू पहाड़ मा ही रौण

12. ऐजा हे लाटा

सुण ये पहाड़ त्वि ते लगोणा छन धाल
कख हर्चिगे तेरु माया जाल
पेली ता तू जब संग्दि दिख्योंदु छाई
डाली काँठी दगडी हँसदू खेलदु ची
अब तू किले बिरड़ी गई ये गौं को बाटा
तेरु ता बचपन यखी च लाटा
याद च मैते तेरी हंसी ठिठोली
दगड़्यों का संग तू जब खेल्दु होली
पाणी को पण्यरा तेरी बाट देखणा
काफल की डाली त्वे ते हेरणा
एजा मेरा लाटा तू घोर बोडी की
अब नि रायेंदु मैसीन यकुली
तेरी उबरी, तेरी मञ्जुली
सभी एक टक तेरु बाटू हिरणी
मि छो तेरी जनम भूमि, भूली ना मेट्यो
यखी तेरु च सब कुछ रख्यू
दूर परदेश मा जब भी कबारी, त्वि पर क्वी दुःख विपदा आली
कुल देवी तेरी, रक्षा करली
सुण ये पहाड़ त्वि ते लगोणा छन धाल
कख हर्चिगे तेरु माया जाल

तेरी खुद मा झूरी मेरु पराण
ऐजा हे लाटा अब नि झुराण
तेरी जनम भूमि त्वेते बुलोणी
ऐजा हे लाटा घोर तू बोडी
ऐजा हे लाटा घोर तू बोडी ।।

व्यंग्य

कुछ सामाजिक, कुछ राजनितिक और कुछ कुछ काल्पनिक व्यंग्य की रचना को कुछ अंश मैन ये भाग मा प्रस्तुत करयु च। मेरु मकसद अपना पाठको ते हंसोण का वास्ता अपनी कविता प्रस्तुत कनु को च।

13. बौड़ा प्यूणु हुक्का

धुरपाली मा बैठी कर बल बौड़ा प्यूणु हुक्का
अपणी घर कूड़ी बल दारु मा नि फुक्का
दारू प्ये प्ये कर मंगतू न गंगा फाल मारयेली
बल चेतुन भी दारू प्ये कर अपणु कल्जू खराब करयेली
बैसाखू का बच्चा भी बल अब स्कूल नि छन जाणा
घोर मा बल उनर नि च एक बी अन्न को दाना
रामसिंघ सुबदार बल खूब मज्जा कनु च
बल सो रुपया की दारू अब पांचसौ मा बेचणु च
पटवारी जी की पूज्ये मा बल आज छक दारू छ
बेरोजगार झांजी लोगुं को बल आज वखि सारू च
आज पे ल्यावा छकी करि भ्वाळ की तब देखला
अंग्रेजी पी ल्यावा आज बल
भ्वाळ कच्ची बटिन गिच्चू सेंकला
धुरपाली मा बैठी कर बल बौड़ा प्यूणु हुक्का
अपणी घर कूड़ी बल दारु मा नि फुक्का

बल जगतु का नोना की मांगण भी अब ह्वेगी
जगतु पैली बटीं बारा पेटि लिएगी।
अब त बल जगतु का नोना को ब्यो को इंतज़ार च
बल बेरोजगार और झांजियों की यु ही त बहार च।।

14. दारु अब आपका द्वार

बल बोलख्या झांझी की अब ऐगे बहार
किले की दारू अफु आणि च आपका द्वार

पैली ता काका बड़ा जी से छू ज्यू घबरान्दु
बल ये बोलख्या को पैली ता काका बड़ा जी से छू ज्यू घबरान्दु
तब बल यु बोलख्या मुखड़ी मा अपनी रुमाल बाँधी तें ठेका पर छौ जांदू
अब ता एगी बोलख्या की मौज बहार
किले की अब दारु अफु आणि च आपका द्वार
ऐंसु दूँ बल सब नेता जी की जय जय कना छन
किले की अब दारू लुकी ते नि
सब खुल कर प्यूणा छन
अजकाल बल पलायन रोकण पर भी जोर चाल्यु च
बल पलायन रोकण वाला नेता जी न कखि पव्वा त नि पेयू च
शायद हो यु पलायन रोकण का वास्ता क्वी दरकार
किले की अब दारू अफु चली ते आणि च आपका द्वार।।

15. नयु जमाणु

बल सुणा दिदा हमरु बचपन कन रे
बल सुणा दिदा हमरु बचपन कन रे
घ्यू मिली और भुज्जी मिली त मिली
नैतिर सबन ल्वोंन मा भी रोटी खे
बल दिख्दु छाई जब कैकु फाट्यों पेण्ट सुलार
तब मन म आन्दु छाई बस एक ही विचार
की होलु ये बिचारु को गरीब परिवार
पर आजकाल ता जख देखा वख छिन पेण्ट फट्यां
क्वी घुंडू मा च फाट्यों और केका बल जांगड़ा छिन दीख्यौना
बल हमारी भारतीय संस्कृति का नौजवान कुज्याणी कख छन्न जाणा

बल सुणा दिदा हमरु बचपन कन रे
बल सुणा दिदा हमरु बचपन कन रे
घ्यू मिली और भुज्जी मिली त मिली
नैतिर सबन ल्वोंन मा भी रोटी खे
बुब ता ह्वेगी डेड, और माँ बणगी मोम की
बल कुज्याणी क्या ह्वोली हालत
ये मोबेल वाली कोम की
खुट्टा बल आजकाल एसएमएस बटीं छुयोना छन
क्वी काम नि, और क्वी धाम नि

पर राती का एक एक बजे तक जाग्यां छन
बल कुज्याणी क्या ह्वोली हालत
ये मोबेल वाली कोम की
पैली ता काका बड़ा को अपणु अलग मान छा
पर आजकाल काका बड़ा भी बण्या गबरू जवान छा
गौं का नोनिहालुं दगडी सब काका बड़ा बैठी कर दारू छन पयोना
अपनी मवासी बल घाम लगौना
बल नयु जमाणु ऐगी अब सब घपटा घ्वोल च
भै बंदी और यारी दोस्ती सब हर्चिगे
और इंसान को नि यख क्वी मोल च
और इंसान को नि यख क्वी मोल च

16. देवता

तेरा बल्दून मेरु पुंगड़ू खायली
हे निर्भगी तू किले खित खित हसांणी
जब मेरा देवता त्वि पर लागलु
तब त्वे ते मेरा बारा मा पता चलालु
न हंस में देखि, नेतिर तेरी गोड़ी बागन खाण
अज्जी बोल्दु मि देखि खित खित नि हेंसण
ब्याल बल मिन सुप्न्यु मा देखि बल
खुटु टुट्यो तेरु खाण दफे काफल
अब तू मैते ज्यादा न चिरडो
जा तेरा सारा बल्द आज बटु बिरड़ो
तेरा बल्दून मेरु पुंगड़ू खायली
हे निर्भगी तू किले खित खित हसांणी

17. धर्मू झांझी

बल धर्मू झांझी आजकल अर्थब्यवस्था की नींव बण्यू च
सब तरीफ हाहाकार पर धर्मू कु ह्वाणु सोऊँ श्रृंगार
किले की ठप्प ह्वेगी सरु ब्यापार, बस दारू मा रेगे
चमत्कार
सरकारन यन सोची की दारु मनखी नि प्यौंदू
बल्कि मनखी तें दारु च प्यूँदी
ता चला अब अर्थब्यवस्था की नींव बड़ोला
और धर्मू झांझी ते अपणु ब्रांड अम्बेस्डर बनौला
ह्वे सकदु की माननीय बड़ा वाला मंत्री जी
हमपर मेरबान ह्वेकि दिल्ली मा क्वी पद दिल द्यूला
बल धर्मू झांझी आजकल अर्थब्यवस्था की नींव बण्यू च
सब तरीफ हाहाकार पर धर्मू कु ह्वाणु सोऊँ श्रृंगार
किले की ठप्प ह्वेगी सरु ब्यापार, बस दारू मा रेगे
चमत्कार
तने भी बड़ा वाला नेता जी कुछ सठियोंन बिठीगे
और रोजगार ख़तम करि तें पकोड़ा बेचणु की बात कना
छन
आफु ता खीसु भरयुं च समदानी फुल्ल
और इनारी तरफ बटीं के गरीब की मवासी ह्वे जाय बल
चुल्ल
क्वी फर्क नि पड़दू इनु तैं की कु मरू और कु जियु
इनारी पुदगी मा सदनी पैंसू कु राइ उड़डयार भर्युं

ये से इननं स्वोचि की किले नि आजकल कु जरा फैदा
उठ्ये ल्योन
अपणु खिसु भना का वास्ता, ठेका सारा ख्वोली कर
धर्मू झांझी ते अर्थब्यवस्था की नींव बने द्यूँ।।

18. लतड़ पतड़ स्यां स्यां

लतड़ पतड़ स्यां स्यां
बल लतड़ पतड़ स्यां स्यां
हाई रे मेरी फ्वां फ्वां
नोना बेरोजगार छन
अभी नि आई कालो धन
लतड़ पतड़ स्यां स्यां
बल लतड़ पतड़ स्यां स्यां
मंत्री जी की गाडी बल
दिनी छाई फुल होरन
सड़की मा बल क्वी नि घूमा
साइड दी दिया तुम फ़ौरन

लतड़ पतड़ स्यां स्यां
बल लतड़ पतड़ स्यां स्यां
हाई रे मेरी फ्वां फ्वां
कुर्सी मा बिराजमान
उत्तराखंड का बड़ा पधान
दारू की फ़ैक्टरी लागली
जनता को बल कुञ्ज घाण
लतड़ पतड़ स्यां स्यां
बल लतड़ पतड़ स्यां स्यां
हाई रे मेरी फ्वां फ्वां

हरीश जोशी

छुटी गयी घर बार
अभी तक नि आई रोजगार
कैसे आस लगोली जनता
चुपचाप स्यूणी अत्याचार
लतड़ पतड़ स्यां स्यां
बल लतड़ पतड़ स्यां स्यां
हाई रे मेरी फ्वां फ्वां

www.ingramcontent.com/pod-product-compliance
Lightning Source LLC
LaVergne TN
LVHW041550060526
838200LV00037B/1227